D1754694

Dorothee Haentjes, geboren 1963 in Köln, arbeitete nach dem Magisterstudium der Vergleichenden Literaturwissenschaft in in- und ausländischen Kinder- und Jugendbuchverlagen. Seit 1993 lebt sie als freiberufliche Autorin und Übersetzerin in Bonn.

Philip Waechter, 1968 in Frankfurt/Main geboren, studierte Kommunikationsdesign und Illustration an der Fachhochschule in Mainz. Seit 1996 ist er als freier Grafiker tätig und hat neben anderem bereits zahlreiche Bilderbücher veröffentlicht.

© Verlag Heinrich Ellermann GmbH, Hamburg 2004
Die Erstausgabe erschien 1999 im Verlag
Heinrich Ellermann GmbH, Hamburg
Alle Rechte vorbehalten
Reproduktion: Domino Medienservice GmbH, Lübeck
Druck und Bindung: Proost N.V., Turnhout
Printed in Belgium 2004
ISBN 3-7707-4920-0

www.ellermann.de

Dorothee Haentjes

SCHAF AHOI

Mit Bildern von Philip Waechter

ellermann

Auf einer kleinen Insel in der Nordsee, in Sichtweite des Festlands und doch schon mitten im Meer, lebte der Bauer Ole. Wenn Ebbe war, zog sich das Wasser zurück. Dann trennte nur das Watt Bauer Oles Insel vom Festland.

Wenn aber ein paar Stunden später wieder die Flut kam, sah von der Insel nur noch die kleine grüne Kuppe mit Bauer Oles Haus hervor.

Im Stall neben dem Bauernhaus wohnte Bauer Oles Schafherde. Jeden Morgen ließ Ole die Schafe heraus auf die grüne Kuppe der Insel, und abends, wenn sie genug gegrast hatten, ließ er sie durch die halbhohe Pforte des Stalles wieder herein. Immer schön eins nach dem anderen, damit Bauer Ole zählen konnte, ob die Herde auch vollzählig war. Leider erging es ihm dabei oft so wie den meisten Leuten, die Schafe zählen: Bauer Ole schlief darüber ein.

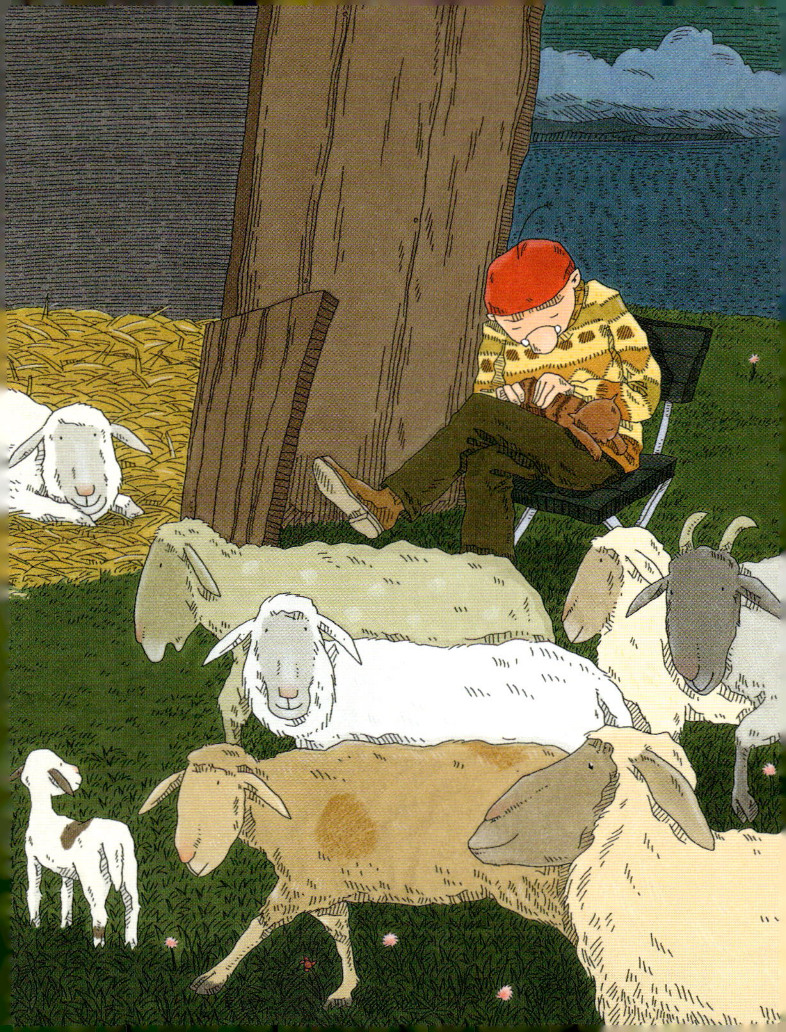

Berthold war ein Jungschaf wie viele in Bauer Oles Herde. Weil er aber keine Geschwister hatte, war seine Mutter um ihn sehr besorgt, und sie achtete darauf, dass er etwas lernte – über das Meer, den Wind und das Schafleben im Allgemeinen.

Und wenn er mal zusammen mit den anderen Jungschafen zu nah am Wasser graste, rief sie ihn ängstlich: »BÄÄÄRTHOLD!« Das ging Berthold jedes Mal durch Mark und Bein.

Eines Tages tuschelten die Jungschafe oben auf dem Hügel miteinander. Berthold stellte sich gegen den Wind, sodass seine Ohren nach hinten wehten, und lauschte.
Er schnappte die Worte »abhauen«, »Festland« und »Abenteuer« auf.
»Nehmt ihr mich mit?«, fragte er.
Die anderen sahen ihn herablassend an.
»Das ist nichts für dich, BÄÄÄRTHOLD«, antwortete das stärkste Jungschaf. »Muttersöhnchen wie dich können wir nicht brauchen.«

Berthold ließ sich nicht beirren.
»Wie wollt ihr denn überhaupt hinüberkommen?«, fragte er.
»Na, wie wohl? Heute Abend bei Ebbe auf den Hufen durchs Watt«, antwortete ein anderes Schaf.
»Bei Dunkelheit durchs Watt, das ist ziemlich gefährlich«, sagte Berthold. »Außerdem sinkt man mit den Hufen ein. Und wenn ihr nicht drüben seid, bevor das Wasser zurückkommt ...«
»Mach dir um uns keine Sorgen, du Besserwisser«, unterbrach ihn der Anführer. »Und überhaupt! Was geht dich denn unser Abenteuer an?«
»Bleib schön bei Mami und lern etwas, du Streber. Über den Wind, das Meer und das Schafleben im Allgemeinen«, lachte das frechste Schafsmädchen. »Von uns aus kannst du auf der Insel bleiben, bis du schwarz wirst.«
»BÄÄÄRTHOLD!«, blökten die Jungschafe gemeinsam.
Und dazu schlugen sie vor Vergnügen mit den Hinterläufen aus.

Als am Abend die Sonne unterging und es Zeit war, die Schafe zusammenzutreiben, stellte Bauer Ole sich an die Pforte des Stalles und zählte jedes einzelne Schaf, das in den Stall hineinlief: »Eins, zwei, drei, vier, fünf«, begann er. »Sechs, sieben ... acht ...« Beim neunten Schaf zählte Ole nicht mehr. Und beim zehnten machte er nur noch: »Chrrr, chrrr, püüü!«
Als kein Schaf mehr in den Stall hineinlief, wachte Ole wieder auf. Er schloss die halbhohe Pforte und ging in sein Haus.

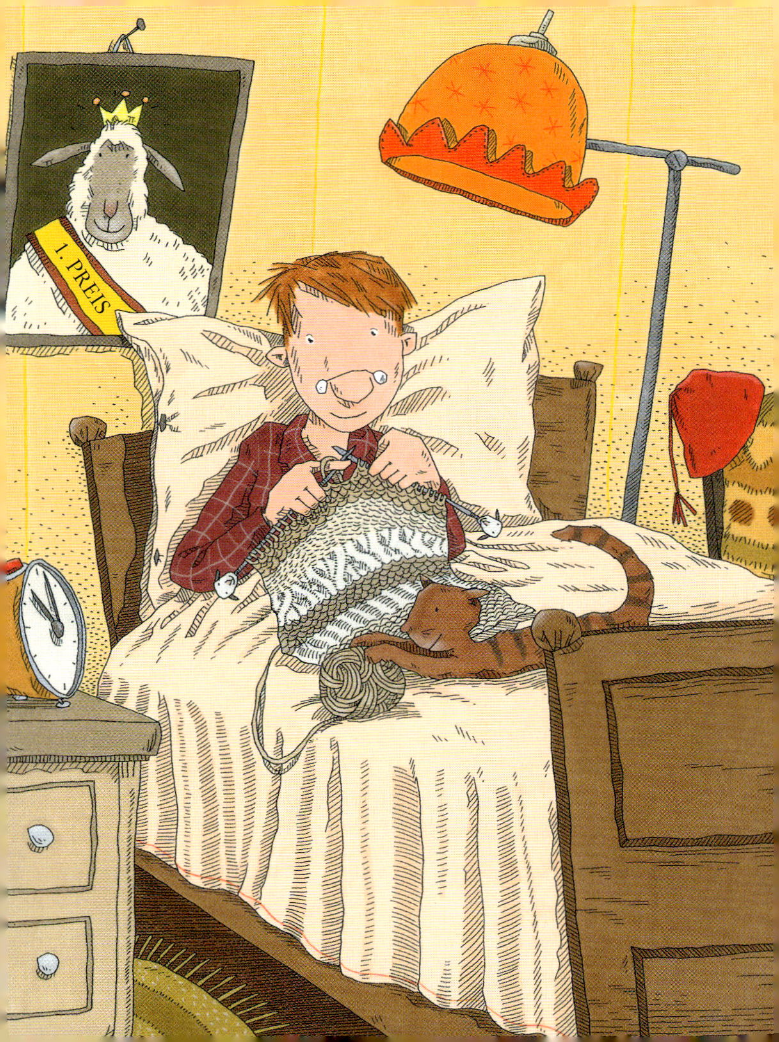
1. PREIS

Nun war es still auf der ganzen Insel. Bauer Ole schlief und die Schafe schliefen. Auch Bertholds Mutter schlief tief und fest, das merkte man daran, dass sie im Traum nur ganz leise »Bääärthold« machte.

Aber einer war noch wach: Berthold. Er sah durch die halbhohe Pforte in den Abendhimmel, an dem langsam die ersten Sterne aufzogen. Er hatte genau gemerkt, dass nicht alle Schafe zurück in den Stall gelaufen waren, als Ole beim Zählen eingeschlafen war.

Berthold überlegte lange. So lange, bis der Morgen graute
und die zurückkehrenden Wellen des Meeres schon wieder
auf die Insel und das Festland zurauschten.
Jetzt oder nie! Berthold stand auf. Ein Abenteuer erleben,
das wollte er auch. Er nahm alle Kraft zusammen und sprang
aus dem Stand über die halbhohe Stallpforte hinaus ins Freie.
Ohne sich umzusehen, lief er die grüne Kuppe der Insel
hinunter, bis dorthin, wo Oles Kahn lag und gerade wieder
Wasser unter den Kiel bekam.

Berthold sprang hinein und durch den Schwung rutschte der Kahn vollends ins Wasser.

Es schaukelte ganz schön. Berthold betrachtete die Wellen. Er wusste, dass die Flut den Kahn an das Festland treiben würde.

Berthold lehnte sich zurück. In diesem Fall war es wirklich praktisch, etwas über den Wind, das Meer und das Schafleben im Allgemeinen gelernt zu haben.

Je näher Berthold dem Festland kam, umso deutlicher sah er den Deich und die weißen Punkte darauf. Das musste genau so eine Schafherde sein wie die, in der Berthold lebte. Und je deutlicher er das Blöken der Schafe vernahm, desto bekannter kamen ihm die Stimmen vor.
Mit einem lauten Knirschen stieß Bertholds Kahn an Land, mitten in die Schafherde.

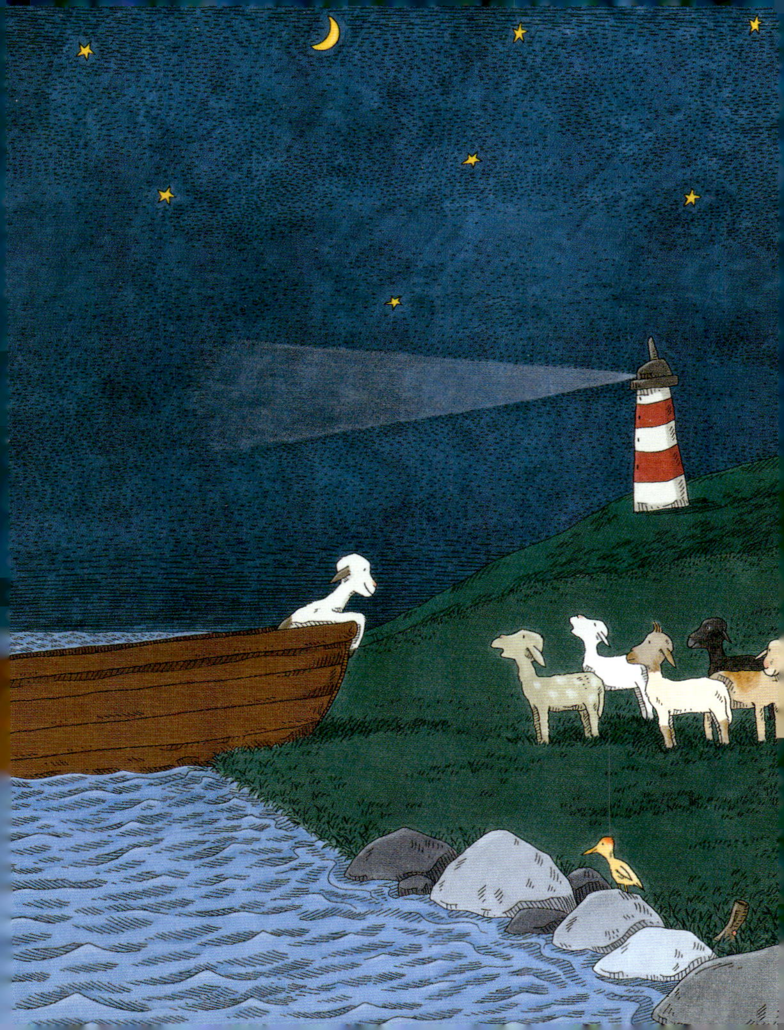

»Was machst du denn hier?« Der Anführer der Jungschafe sah ihn erstaunt an.
»Ich erlebe mein eigenes Abenteuer«, antwortete Berthold. »Und ihr? Was ist mit eurem Abenteuer?«
»Na ja.« Das freche Schafsmädchen druckste herum. »Es ist ziemlich gefährlich, im Dunkeln durchs Watt zu laufen. Außerdem sinkt man mit den Hufen ein. Und beinahe hätte uns die Flut erwischt.«
Berthold wurde hellhörig. »Traut ihr euch jetzt etwa nicht mehr zurück?« Die anderen schwiegen verlegen.
Berthold überlegte kurz. »Es gibt zwei Möglichkeiten«, sagte er dann. »Entweder ihr wartet hier, bis ihr schwarz werdet, oder«, er machte eine bedeutungsvolle Pause, »oder ihr steigt in meinen Kahn und hört auf mein Kommando.«

So wie die Schafe jeden Abend durch die halbhohe Pforte von Oles Stall liefen, sprangen sie jetzt nacheinander in das Boot.

Nun ging die Fahrt zurück, denn mittlerweile hatte die Ebbe eingesetzt, und mit dem abfließenden Wasser entfernte sich Bertholds Kahn gemütlich schaukelnd vom Festland und trieb zurück in Richtung der Insel.

Doch plötzlich zogen dichte Wolken über das Wasser, sodass die Schafe bald nicht mehr die Hufe vor den Augen sehen konnten. Nur noch das Tuten der Schiffsnebelhörner drang zu ihnen.
»Bei Nebel auf dem Meer«, sagte das Schafsmädchen, »das ist mindestens so gefährlich wie bei Dunkelheit im Watt. Was sollen wir jetzt machen, Berthold?«

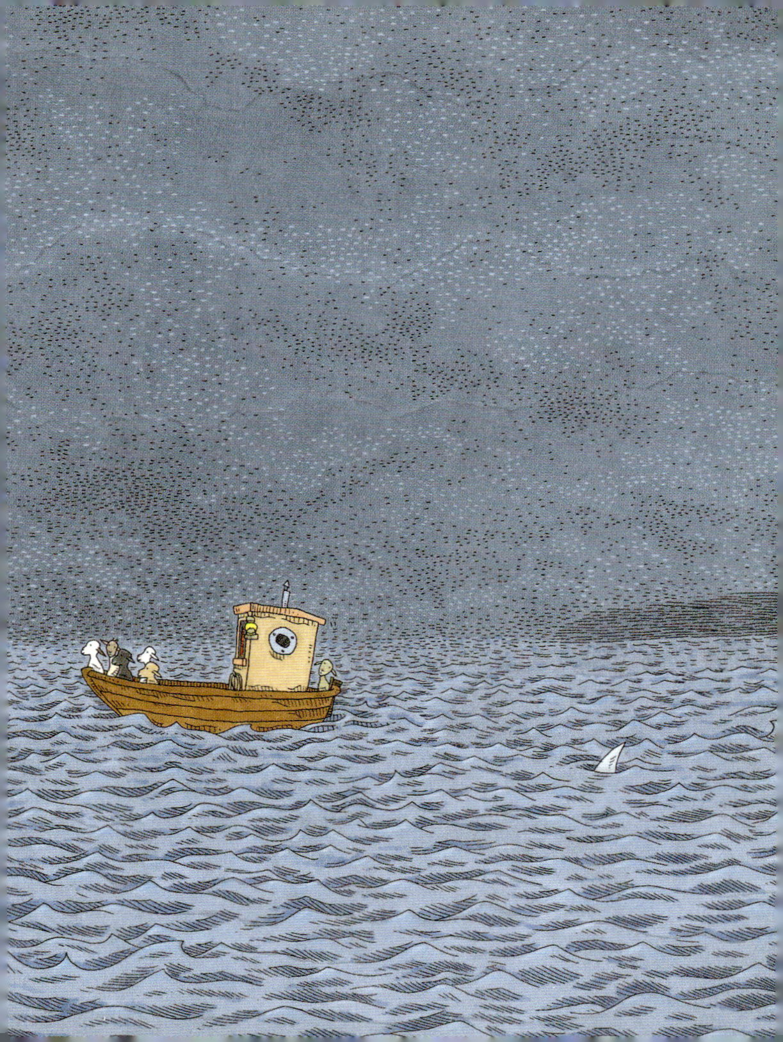

»Verlasst euch ganz auf mich«, antwortete Berthold. »Ich kenne mich nämlich zufällig ein bisschen aus mit dem Wind, dem Meer und dem Schafleben im Allgemeinen.« Damit stellte er sich in die Spitze des Kahns und reckte den Kopf in den Wind, sodass die Ohren nach hinten wehten.

»MAAA-MAAA!«, blökte er laut.

Und ganz leise und von Ferne vernahmen Berthold und die Jungschafe eine Stimme: »BÄÄÄRTHOLD!«
Und ein paar Augenblicke später noch einmal: »BÄÄÄRTHOLD!«
Berthold drehte sich triumphierend um. Wer hatte schon eine Mutter, die man als Nebelhorn gebrauchen konnte?
»Ruder rechts!«, kommandierte er.
Und die übrigen Jungschafe gehorchten ihm plötzlich sehr gern.

Als Oles Kahn mit dem Kiel in der Insel stecken blieb, sprangen die Jungschafe an Land. Der Nebel war so dicht, dass jenseits der grünen Kuppe der kleinen Insel nichts mehr zu sehen war. Berthold verließ den Kahn als Letzter.
»Bääärthold«, krächzte seine Mutter. Sie war vom Blöken ganz heiser geworden. »Junge, wo steckst du denn bloß? Bei dem Nebel!«
»Ich habe mit den anderen gespielt«, antwortete Berthold. »Wir haben uns in Oles Kahn versteckt.«
»In Oles Kahn?«, krächzte Bertholds Mutter. »War das denn auch nicht zu gefährlich, so nahe am Wasser?«
»Bestimmt nicht, Mama«, antwortete Berthold. »Jungschafe wie wir wissen doch schon manches über den Wind, das Meer und das Schafleben im Allgemeinen.«
»Na, dann ist es ja gut«, antwortete Bertholds Mutter. Und dann trieb sie ihren Sohn mit der Nase auf den Stall zu, wo Ole schon an der halbhohen Pforte stand, um die Schafe zu zählen.

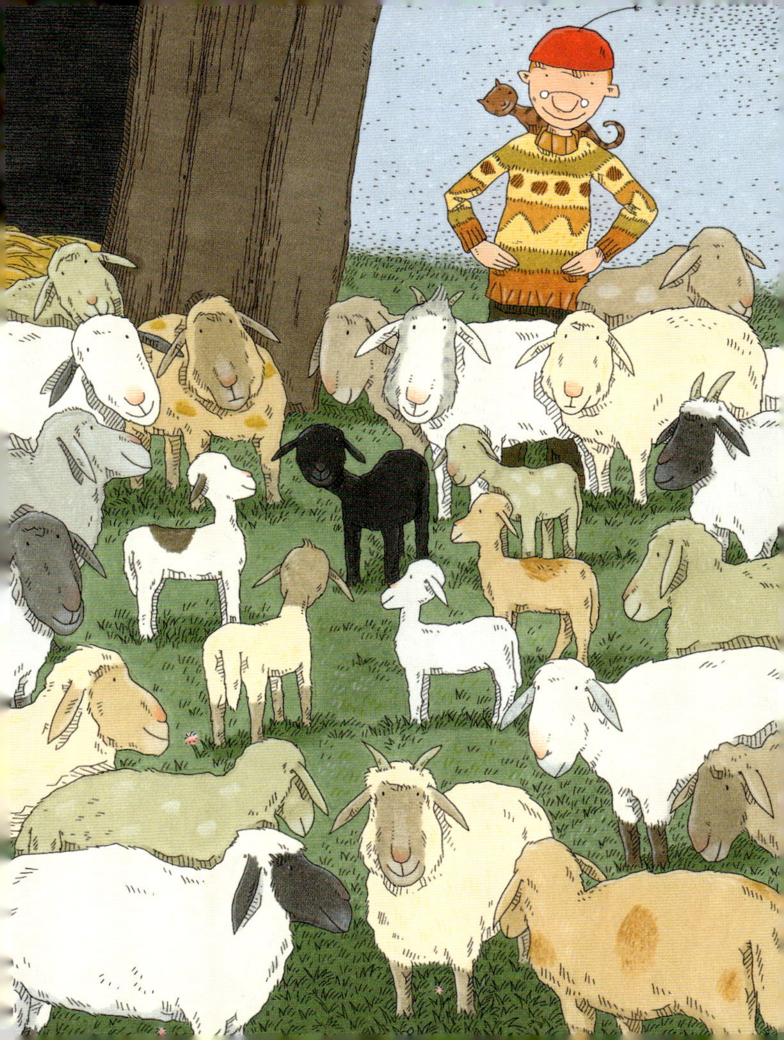